Magic Tales: Bilingual German-English Adventures for Kids

Coledown Bilingual Books

Published by Coledown Bilingual Books, 2023.

While every precaution has been taken in the preparation of this book, the publisher assumes no responsibility for errors or omissions, or for damages resulting from the use of the information contained herein.

MAGIC TALES: BILINGUAL GERMAN-ENGLISH ADVENTURES FOR KIDS

First edition. July 19, 2023.

Copyright © 2023 Coledown Bilingual Books.

ISBN: 979-8215017913

Written by Coledown Bilingual Books.

Table of Contents

Der Zauberwald der kleinen Abenteuer

Es war einmal ein kleiner Junge namens Tim, der in einem malerischen Dorf namens Sonnenbach lebte. Tim war neugierig und abenteuerlustig, und er liebte es, in den nahegelegenen Wald zu gehen, um seine Fantasie zum Leben zu erwecken.

Eines sonnigen Morgens erhielt Tim einen geheimnisvollen Brief. Das Papier war mit funkelndem Staub bestäubt und trug eine außergewöhnliche Schrift. Der Brief sagte:

"Liebster Tim,

In den tiefen Wäldern liegt ein verborgenes Geheimnis,

Ein Ort voller Zauber und magischem Flair.

Folge dem leuchtenden Pfad,

Wenn du bereit bist für ein Abenteuer so wunderbar.

Gehe in den Wald, wenn die Sonne tief steht,

Und finde den Baum mit dem grünen Blätterkleid.

Dort wirst du das Tor zum Zauberwald sehen,

Wo Träume wahr werden und Abenteuer entstehen."

Tim konnte seine Aufregung kaum zügeln. Er wusste, dass er diesem mysteriösen Ruf folgen musste. Er packte seinen Rucksack mit Proviant und machte sich auf den Weg zum Wald.

Das Tor zum Zauberwald

Tim wanderte tief in den Wald hinein, bis er den Baum mit dem grünen Blätterkleid fand. Als er näher kam, bemerkte er ein funkelndes Tor, das sich zu öffnen schien, als er es berührte.

Vorsichtig betrat Tim den Zauberwald und wurde sofort von seiner Schönheit überwältigt. Die Bäume waren von leuchtenden Farben und seltsamen Formen umgeben, und überall flatterten winzige Feen herum. Tim konnte sein Glück kaum fassen.

"Wo bin ich?", flüsterte Tim verwundert.

Plötzlich hörte er ein leises Kichern hinter einem Baum. Tim ging neugierig in die Richtung des Geräuschs und entdeckte eine kleine Elfe namens Luna. Sie hatte strahlend blaue Augen und Flügel, die wie zarte Blumenblätter aussahen.

"Luna, ich bin Tim", stellte er sich vor. "Ich habe einen geheimnisvollen Brief erhalten und wurde hierher geführt. Was ist das für ein magischer Ort?"

Luna lächelte und erklärte: "Willkommen im Zauberwald, Tim. Dies ist ein Ort voller Abenteuer und Fantasie. Jeder, der den Ruf hört und den Weg findet, darf hierher kommen. Wir feiern die Macht der Träume und Phantasie. Komm mit, ich zeige dir unser Dorf!"

Das Dorf der magischen Wesen

Luna führte Tim durch den Zauberwald zu einem kleinen Dorf, das von märchenhaften Wesen bevölkert war. Es gab Zwerge, Einhörner, sprechende Tiere und viele andere fabelhafte Kreaturen.

Im Dorf angekommen, wurde Tim von den Bewohnern herzlich begrüßt. Sie zeigten ihm ihre besonderen Fähigkeiten und luden ihn ein, an ihren Abenteuern teilzunehmen. Tim half den Zwergen dabei, glitzernde Juwelen zu finden, flog auf dem Rücken eines Einhorns über den Regenbogen und spielte Verstecken mit den unsichtbaren Kobolden.

Jeden Abend versammelten sich alle Bewohner des Zauberwaldes um ein loderndes Lagerfeuer. Sie erzählten Geschichten von fernen Ländern, zauberten bunte Feuerwerke herbei und tanzten zu fröhlicher Musik. Tim fühlte sich wie in einem Märchen.

Die Suche nach dem verlorenen Zauberstab

Eines Tages kam eine traurige Nachricht in den Zauberwald. Der große Zauberer Merlin hatte seinen Zauberstab verloren, und ohne ihn konnte er keine Zauber mehr wirken. Der ganze Zauberwald war in Gefahr, da er ohne die Magie Merlins seine Kräfte verlieren würde.

Tim war entschlossen, zu helfen. Gemeinsam mit Luna und seinen neuen Freunden begann er eine abenteuerliche Suche nach dem verlorenen Zauberstab. Sie erkundeten dunkle

Höhlen, durchquerten reißende Flüsse und kletterten auf hohe Berge.

Schließlich fanden sie den Zauberstab in einer alten Baumhöhle, bewacht von einem frechen kleinen Drachen. Tim und Luna schlossen Freundschaft mit dem Drachen, der ihnen half, den Zauberstab sicher zurückzubringen.

Als sie den Zauberstab zu Merlin brachten, war er überglücklich. Er bedankte sich bei Tim und den Bewohnern des Zauberwaldes für ihre Tapferkeit und ihren Mut. Tim war stolz darauf, dass er dazu beigetragen hatte, den Zauberwald zu retten.

Abschied vom Zauberwald

Nachdem der Zauberstab sicher zurückgekehrt war, wurde im Zauberwald ein großes Fest gefeiert. Die Bewohner tanzten und sangen vor Freude, dass ihre Magie wieder zurückgekehrt war.

Tim war dankbar für die wundervollen Erlebnisse im Zauberwald, aber er wusste, dass es Zeit war, Abschied zu nehmen. Er verabschiedete sich von seinen neuen Freunden und versprach, immer an die Kraft der Träume und Fantasie zu glauben.

Mit dem Zauberstab des Merlin kehrte Tim nach Hause zurück. Er trug die Erinnerungen an den Zauberwald in seinem Herzen und erzählte jedem von den magischen Abenteuern, die er erlebt hatte.

Von diesem Tag an wusste Tim, dass die Welt voller Geheimnisse und Magie war, und dass man nur die Augen öffnen und bereit sein musste, sie zu entdecken.

Ende

The Enchanted Forest of Little Adventures

Once upon a time, there was a little boy named Tim who lived in a picturesque village called Sunbrook. Tim was curious and adventurous, and he loved going into the nearby forest to bring his imagination to life.

One sunny morning, Tim received a mysterious letter. The paper was dusted with sparkling powder and bore an extraordinary handwriting. The letter said:

"Dearest Tim,

In the deep woods lies a hidden secret,

A place full of magic and enchanting flair.

Follow the glowing path,

If you're ready for an adventure so rare.

Go into the woods when the sun is low,

And find the tree with the green leafy show.

There, you'll see the gateway to the enchanted forest,

Where dreams come true and adventures manifest."

Tim could hardly contain his excitement. He knew he had to follow this mysterious call. He packed his backpack with provisions and set off for the forest.

The Gateway to the Enchanted Forest

Tim ventured deep into the woods until he found the tree with the green leafy show. As he approached, he noticed a shimmering gate that seemed to open as he touched it.

Carefully, Tim entered the enchanted forest and was immediately overwhelmed by its beauty. The trees were surrounded by radiant colors and peculiar shapes, and tiny fairies fluttered about everywhere. Tim could hardly believe his luck.

"Where am I?" whispered Tim, bewildered.

Suddenly, he heard a soft giggle from behind a tree. Tim curiously walked in the direction of the sound and discovered a little fairy named Luna. She had bright blue eyes and wings that resembled delicate flower petals.

"Luna, I'm Tim," he introduced himself. "I received a mysterious letter and was led here. What is this magical place?"

Luna smiled and explained, "Welcome to the Enchanted Forest, Tim. This is a place full of adventure and imagination. Anyone who hears the call and finds the way is welcome here. We celebrate the power of dreams and fantasy. Come, let me show you our village!"

The Village of Magical Beings

Luna guided Tim through the Enchanted Forest to a small village populated by fairy-tale creatures. There were dwarves, unicorns, talking animals, and many other fabulous creatures.

Upon arriving in the village, Tim was warmly greeted by the residents. They showed him their special abilities and invited him to join their adventures. Tim helped the dwarves find sparkling jewels, flew on the back of a unicorn across the rainbow, and played hide-and-seek with the invisible goblins.

Every evening, all the inhabitants of the Enchanted Forest gathered around a blazing campfire. They told stories of distant lands, conjured colorful fireworks, and danced to joyful music. Tim felt like he was in a fairy tale.

The Quest for the Lost Wand

One day, sad news reached the Enchanted Forest. The great wizard Merlin had lost his wand, and without it, he couldn't perform any magic. The entire Enchanted Forest was in danger as it would lose its powers without Merlin's magic.

Tim was determined to help. Together with Luna and his newfound friends, he embarked on a thrilling quest to find the lost wand. They explored dark caves, crossed raging rivers, and climbed high mountains.

Finally, they found the wand in an old tree cave, guarded by a mischievous little dragon. Tim and Luna befriended the dragon, who helped them safely return the wand.

When they brought the wand back to Merlin, he was overjoyed. He thanked Tim and the inhabitants of the Enchanted Forest for their bravery and courage. Tim felt proud to have contributed to saving the Enchanted Forest.

Farewell to the Enchanted Forest

After the wand returned safely, a grand celebration took place in the Enchanted Forest. The residents danced and sang with joy, now that their magic had been restored.

Tim was grateful for the wonderful experiences in the Enchanted Forest, but he knew it was time to say goodbye. He bid farewell to his new friends, promising to always believe in the power of dreams and imagination.

With Merlin's wand in hand, Tim returned home. He carried the memories of the Enchanted Forest in his heart and shared with everyone the magical adventures he had experienced.

From that day forward, Tim knew that the world was full of secrets and magic, and all one needed to do was open their eyes and be ready to discover them.

The End

Die abenteuerliche Reise der Samtpfote

Es war einmal eine kleine graue Katze namens Linus. Linus lebte in einem ruhigen Vorort und verbrachte seine Tage damit, durch die Nachbarschaft zu streifen und Abenteuer zu erleben. Er war neugierig und verspielt, und sein glänzendes Fell war von neugierigen Kindern und liebevollen Nachbarn beliebt.

Eines regnerischen Tages wurde Linus von einem lauten Donnerschlag aufgeschreckt. Er rannte in Panik davon und verirrte sich dabei in den dunklen Gassen der Stadt. Linus war ängstlich und verängstigt, als er sich in einer fremden Umgebung wiederfand.

Die Begegnung mit dem geheimnisvollen Fremden

Linus irrte durch enge Gassen und verlassene Hinterhöfe, als er auf einen alten, zerzausten Kater namens Oskar traf. Oskar hatte ein schwarz-weißes Fell und kluge, leuchtende Augen. Er war berühmt für seine Abenteuerlust und sein Wissen über die Stadt.

"Hey, kleiner Freund, scheinst dich verlaufen zu haben", miaute Oskar mit ruhiger Stimme. "Keine Sorge, ich kenne hier jede Ecke. Ich werde dir helfen, nach Hause zu finden."

Linus war erleichtert, einen Verbündeten gefunden zu haben. Oskar erzählte ihm von einer geheimnisvollen Karte, die den

Weg nach Hause zeigen sollte. Zusammen begaben sie sich auf die Suche nach dieser Karte.

Die Suche nach der magischen Karte

Linus und Oskar durchkämmten die Stadt, von den schmalen Gassen bis zu den belebten Plätzen. Sie begegneten freundlichen Hunden, singenden Vögeln und sogar ein paar freundlichen Mäusen, die ihnen halfen, Hinweise zu finden.

Schließlich führte ihr Weg sie zu einem alten Buchladen. Der Buchhändler, eine freundliche Eule namens Egon, begrüßte die beiden Katzen und bot ihnen seine Hilfe an. Er erklärte, dass in einem geheimen Fach des Buches "Die Legende der Samtpfote" die magische Karte versteckt war.

Mit Egon's Unterstützung fanden Linus und Oskar das Buch und öffneten das versteckte Fach. Dort lag die Karte, mit glitzernden Sternen und bunten Pfotenabdrücken verziert.

Eine abenteuerliche Reise

Mit der magischen Karte in den Pfoten begaben sich Linus und Oskar auf eine aufregende Reise. Die Karte führte sie durch enge Gassen, über hohe Brücken und zu geheimnisvollen Orten, von denen sie noch nie zuvor gehört hatten.

Sie trafen auf exotische Vögel, die ihnen von fernen Ländern erzählten, und erkundeten geheimnisvolle Tempel, in denen sie Rätsel lösen mussten. Linus und Oskar wurden zu wahren Abenteurern, die mutig jede Herausforderung annahmen.

Die Heimkehr

Nach vielen spannenden Abenteuern und aufregenden Begegnungen mit neuen Freunden erreichten Linus und Oskar schließlich einen vertrauten Ort. Sie standen vor Linus' Haus.

Linus sprang vor Freude in die Höhe und kratzte an der Tür. Seine Besitzer, ein liebevolles Paar, öffneten die Tür und waren überglücklich, Linus gesund und munter wiederzusehen.

Linus bedankte sich bei Oskar für seine Freundschaft und Hilfe. Sie versprachen, in Kontakt zu bleiben und sich gegenseitig von neuen Abenteuern zu erzählen.

Linus war nun wieder zu Hause, aber er würde die aufregende Reise mit Oskar niemals vergessen. Er lernte, dass das Abenteuer überall sein kann, solange man bereit ist, es zu suchen.

Ende

The Adventurous Journey of the Velvet Paw

Once upon a time, there was a little gray cat named Linus. Linus lived in a quiet suburb and spent his days wandering through the neighborhood and experiencing adventures. He was curious and playful, and his shiny fur was beloved by curious children and caring neighbors.

One rainy day, Linus was startled by a loud thunderclap. He ran away in panic and ended up getting lost in the dark streets of the city. Linus was anxious and frightened as he found himself in an unfamiliar environment.

Meeting the Mysterious Stranger

Linus wandered through narrow alleys and abandoned backyards when he encountered an old, scruffy tomcat named Oscar. Oscar had black and white fur and wise, glowing eyes. He was famous for his thirst for adventure and knowledge of the city.

"Hey, little friend, seems like you've gotten lost," Oscar meowed in a calm voice. "Don't worry, I know every corner around here. I'll help you find your way home."

Linus felt relieved to have found an ally. Oscar told him about a mysterious map that was supposed to show the way back home. Together, they set out on a quest to find this map.

Searching for the Magical Map

Linus and Oscar combed through the city, from the narrow alleys to the bustling squares. They encountered friendly dogs, singing birds, and even a few helpful mice who assisted them in finding clues.

Eventually, their journey led them to an old bookstore. The bookseller, a friendly owl named Egon, welcomed the two cats and offered his help. He explained that the magical map was hidden in a secret compartment of the book "The Legend of the Velvet Paw."

With Egon's support, Linus and Oscar found the book and opened the hidden compartment. There lay the map, adorned with glittering stars and colorful paw prints.

An Adventurous Journey

Armed with the magical map, Linus and Oscar embarked on an exciting journey. The map guided them through narrow alleys, over tall bridges, and to mysterious places they had never heard of before.

They encountered exotic birds that told them about distant lands and explored mysterious temples where they had to solve puzzles. Linus and Oscar became true adventurers, bravely taking on every challenge.

The Homecoming

After many thrilling adventures and exciting encounters with new friends, Linus and Oscar finally reached a familiar place. They stood in front of Linus' house.

Linus jumped for joy and scratched at the door. His owners, a loving couple, opened the door and were overjoyed to see Linus safe and sound.

Linus thanked Oscar for his friendship and help. They promised to stay in touch and share their new adventures with each other.

Linus was now back home, but he would never forget the exciting journey with Oscar. He learned that adventure can be found anywhere as long as you are willing to seek it.

The End

Der verzauberte Kugelschreiber

Es war einmal ein kleines Mädchen namens Mia, das eine große Leidenschaft für das Geschichtenerzählen hatte. Sie liebte es, ihre Fantasie zu nutzen und die bunte Welt der Märchen zum Leben zu erwecken. Mia hatte einen besonderen Schatz - einen magischen Kugelschreiber.

Dieser Kugelschreiber hatte die erstaunliche Fähigkeit, alles, was Mia damit auf Papier schrieb, Wirklichkeit werden zu lassen. Egal ob Einhörner, fliegende Teppiche oder Schokoladenbäume - Mia konnte ihre wildesten Träume mit nur einem Strich zum Leben erwecken.

Eines Tages, als Mia in ihrem Zimmer saß und Geschichten schrieb, geschah etwas Unglaubliches. Der Kugelschreiber glühte plötzlich auf und begann zu zittern. Mia schaute erstaunt zu, wie er aus ihrer Hand sprang und durch das offene Fenster davonschwebte.

Voller Neugier rannte Mia dem Kugelschreiber hinterher. Er führte sie zu einem alten, verzauberten Wald, der noch nie zuvor in ihren Geschichten vorgekommen war. Der Wald war voller magischer Wesen - sprechende Tiere, tanzende Elfen und sogar ein freundlicher Zauberer namens Merlin.

Mia folgte dem Kugelschreiber tiefer in den Wald hinein und entdeckte eine geheimnisvolle Höhle. Dort traf sie auf eine kleine Fee namens Flora. Flora erklärte Mia, dass der

Kugelschreiber von den Bewohnern des Waldes benötigt wurde, um die Magie am Leben zu erhalten. Doch der Kugelschreiber war seit vielen Jahren verschwunden.

Mia war entschlossen, zu helfen. Gemeinsam mit Flora begab sie sich auf eine abenteuerliche Suche nach dem verlorenen Kugelschreiber. Sie durchquerten gefährliche Sümpfe, kletterten auf hohe Berge und suchten in geheimnisvollen Tempeln.

Auf ihrer Reise trafen sie auf viele Hindernisse und stellten ihre Mut und ihre Kreativität auf die Probe. Aber Mia gab nicht auf. Sie wusste, dass die Kraft ihrer Geschichten sie voranbringen würde.

Schließlich gelang es Mia und Flora, den verlorenen Kugelschreiber zu finden. Die Bewohner des Waldes jubelten vor Freude, als Mia den Kugelschreiber zurückbrachte. Die Magie kehrte zurück, und der Wald erstrahlte in leuchtenden Farben.

Als Dank für ihre Tapferkeit und ihren Mut lud Merlin Mia ein, an einer besonderen Zeremonie teilzunehmen. Sie wurde zur offiziellen Geschichtenerzählerin des Waldes ernannt und durfte ihre magischen Geschichten für immer im Wald der Fantasie teilen.

Mia kehrte nach Hause zurück, aber ihre Erlebnisse im Wald der Fantasie würden sie für immer begleiten. Jedes Mal, wenn sie den magischen Kugelschreiber in der Hand hielt, würde sie daran erinnert werden, dass ihre Geschichten die Kraft hatten, die Welt um sie herum zu verändern.

Von diesem Tag an schrieb Mia nicht nur für sich selbst, sondern für alle, die bereit waren, in die wunderbare Welt der Fantasie einzutauchen. Ihre Geschichten brachten Freude und Magie in die Herzen der Menschen, und der verzauberte Kugelschreiber blieb für immer ein Symbol für die Kraft der Vorstellungskraft.

Ende

The Enchanted Pen

Once upon a time, there was a little girl named Mia who had a great passion for storytelling. She loved using her imagination to bring the colorful world of fairy tales to life. Mia had a special treasure - a magical pen.

This pen had the incredible ability to turn everything Mia wrote on paper into reality. Whether it was unicorns, flying carpets, or chocolate trees, Mia could bring her wildest dreams to life with just a stroke.

One day, as Mia sat in her room writing stories, something incredible happened. The pen suddenly started to glow and tremble. Mia watched in amazement as it leaped out of her hand and floated out through the open window.

Filled with curiosity, Mia chased after the pen. It led her to an old, enchanted forest that had never appeared in her stories before. The forest was filled with magical creatures - talking animals, dancing fairies, and even a friendly wizard named Merlin.

Mia followed the pen deeper into the forest and discovered a mysterious cave. There, she met a little fairy named Flora. Flora explained to Mia that the pen was needed by the inhabitants of the forest to keep the magic alive. However, the pen had been missing for many years.

Mia was determined to help. Together with Flora, she embarked on an adventurous quest to find the lost pen. They crossed dangerous swamps, climbed high mountains, and searched in mysterious temples.

On their journey, they encountered many obstacles and tested their bravery and creativity. But Mia never gave up. She knew that the power of her stories would guide her forward.

Eventually, Mia and Flora succeeded in finding the lost pen. The forest's inhabitants rejoiced as Mia returned the pen. The magic was restored, and the forest glowed with vibrant colors.

As a token of gratitude for her bravery and courage, Merlin invited Mia to participate in a special ceremony. She was appointed as the official storyteller of the Forest of Fantasy and was allowed to share her magical stories there forever.

Mia returned home, but her experiences in the Forest of Fantasy would always stay with her. Every time she held the magical pen in her hand, she would be reminded that her stories had the power to change the world around her.

From that day on, Mia wrote not only for herself but for all those willing to dive into the wonderful world of imagination. Her stories brought joy and magic to people's hearts, and the enchanted pen remained forever a symbol of the power of imagination.

The End

Der mutige kleine Drache

Es war einmal in einem weit entfernten Land ein kleiner Drache namens Ferdinand. Ferdinand war anders als die anderen Drachen. Statt Feuer zu speien und Schrecken zu verbreiten, sehnte er sich nach Freundschaft und Abenteuern.

In der Drachenschule wurde Ferdinand oft gehänselt und ausgelacht. Die anderen Drachen nannten ihn "Feigling" und lachten über seine Flügel, die nicht so groß waren wie ihre eigenen. Aber Ferdinand ließ sich nicht entmutigen. Er wusste, dass es in seinem Inneren Mut und Tapferkeit gab.

Eines Tages hörte Ferdinand von einem geheimnisvollen Zauber, der in den Tiefen des Drachenwaldes verborgen war. Es wurde gesagt, dass dieser Zauber einem Drachen Flügel verleihen und ihm erstaunliche Kräfte geben könnte. Ferdinand spürte einen Funken Hoffnung in sich aufkeimen und beschloss, den Zauber zu suchen.

Begleitet von seinem besten Freund, einer klugen Eule namens Eddi, machte sich Ferdinand auf den Weg in den Drachenwald. Dort angekommen, wurde er von einer dichten Nebelwand empfangen, die den Weg zum Zauber verbarg. Aber Ferdinand ließ sich nicht entmutigen. Er wusste, dass er den Mut aufbringen musste, durch den Nebel zu gehen und sein Schicksal zu finden.

Als Ferdinand durch den Nebel schritt, stieß er auf eine Gruppe freundlicher Waldtiere - eine neugierige Füchsin, einen weisen alten Hirsch und einen verspielten Eichhörnchen. Sie erkannten den Mut in Ferdinand und beschlossen, ihm bei seiner Suche zu helfen.

Gemeinsam durchquerten sie gefährliche Schluchten, überquerten reißende Flüsse und erkundeten geheimnisvolle Höhlen. Ferdinand bewies immer wieder seinen Mut und seine Hilfsbereitschaft, indem er seinen Freunden half und ihnen Trost spendete, wenn sie erschöpft waren.

Schließlich erreichte die Gruppe einen majestätischen Wasserfall, der den Eingang zu einer geheimen Höhle verbarg. Dort würde sich der Zauber befinden. Ferdinand spürte seine Aufregung steigen, als er den letzten Schritt wagte und die Höhle betrat.

In der Höhle wurde Ferdinand von einem alten Drachen empfangen - dem Hüter des Zaubers. Der alte Drache erkannte Ferdinand's Mut und erklärte ihm, dass der wahre Zauber nicht in äußeren Kräften lag, sondern in der Kraft der Freundschaft und des Mutes, die in Ferdinand selbst schlummerten.

Ferdinand begriff, dass er die ganze Zeit über mutig gewesen war. Es war seine Entschlossenheit, Freundschaft und Hilfsbereitschaft, die ihn zu einem wahren Helden machten. Der alte Drache würdigte Ferdinand's Tapferkeit und verlieh ihm den Titel "Der mutige kleine Drache".

Voller Stolz kehrte Ferdinand in seine Heimat zurück. Die anderen Drachen erkannten nun seine wahre Größe und bewunderten seinen Mut. Ferdinand's Beispiel inspirierte sie, ihre eigenen Ängste zu überwinden und freundlicher zu sein.

Und so lebte Ferdinand, der mutige kleine Drache, in Frieden und Freundschaft mit den anderen Drachen. Gemeinsam eroberten sie den Himmel, verbreiteten Freude und Glück und zeigten der Welt, dass wahre Stärke im Herzen liegt.

Ende

The Brave Little Dragon

Once upon a time, in a faraway land, there was a little dragon named Ferdinand. Ferdinand was different from the other dragons. Instead of breathing fire and spreading terror, he longed for friendship and adventures.

At dragon school, Ferdinand was often teased and laughed at. The other dragons called him a "coward" and made fun of his wings, which weren't as large as their own. But Ferdinand didn't let it discourage him. He knew that deep inside, he possessed bravery and courage.

One day, Ferdinand heard about a mysterious spell hidden deep within the Dragon Forest. It was said that this spell could grant a dragon wings and bestow amazing powers upon them. Ferdinand felt a glimmer of hope and decided to search for the spell.

Accompanied by his best friend, a wise owl named Eddie, Ferdinand set off on a journey to the Dragon Forest. Upon arrival, he was greeted by a dense fog that obscured the path to the spell. But Ferdinand refused to be discouraged. He knew he had to summon the courage to walk through the fog and find his destiny.

As Ferdinand ventured through the fog, he encountered a group of friendly woodland animals - a curious fox, a wise old stag, and a playful squirrel. They recognized the bravery in Ferdinand and decided to help him in his quest.

Together, they traversed perilous ravines, crossed raging rivers, and explored mysterious caves. Ferdinand repeatedly proved his bravery and kindness by assisting his friends and offering them comfort when they grew weary.

Finally, the group reached a majestic waterfall concealing the entrance to a secret cave. Inside, the spell would be found. Ferdinand felt his excitement surge as he took the final step and entered the cave.

In the cave, Ferdinand was greeted by an ancient dragon - the Guardian of the Spell. The old dragon recognized Ferdinand's bravery and explained that true magic didn't lie in external powers, but in the strength of friendship and courage that resided within Ferdinand himself.

Ferdinand realized that he had been brave all along. It was his determination, friendship, and willingness to help others that made him a true hero. The old dragon acknowledged Ferdinand's bravery and bestowed upon him the title of "The Brave Little Dragon."

Filled with pride, Ferdinand returned to his home. The other dragons now recognized his true greatness and admired his courage. Ferdinand's example inspired them to overcome their own fears and be kinder.

And so, the brave little dragon, Ferdinand, lived in peace and friendship with the other dragons. Together, they soared through the skies, spreading joy and happiness, showing the world that true strength lies within the heart.

The End

31

Das Geheimnis des Zauberwaldes

Es war einmal ein kleines Mädchen namens Sophie, das in einem gemütlichen Dorf am Rande eines zauberhaften Waldes lebte. Sophie war bekannt für ihre lebhafte Fantasie und ihre Abenteuerlust. Jeden Tag erkundete sie die Umgebung und träumte von magischen Kreaturen.

Eines Tages entdeckte Sophie einen geheimnisvollen Weg, der tief in den Wald führte. Der Weg war von leuchtenden Blumen und funkelnden Pilzen gesäumt. Sophie spürte, dass es an der Zeit war, das Geheimnis des Zauberwaldes zu enthüllen.

Als Sophie den Wald betrat, verwandelte sich die Welt um sie herum. Die Bäume waren lebendig und flüsterten ihr Geschichten zu. Die Blumen tanzten im Wind und die Vögel sangen wundervolle Lieder. Sophie war erstaunt über die Schönheit und Magie, die sie umgab.

Während Sophie tiefer in den Wald vordrang, traf sie auf eine freundliche Elfe namens Ella. Ella hatte glitzernde Flügel und strahlende Augen. Sie lud Sophie ein, sie zu begleiten und den Zauberwald zu erkunden.

Gemeinsam wanderten sie durch verwunschene Pfade und entdeckten versteckte Lichtungen. Sie trafen auf sprechende Tiere, wie den klugen Eulenfreund Oswald und den verspielten Eichhörnchenkumpel Emil.

Eines Tages enthüllte Ella Sophie ein großes Geheimnis. Tief im Herzen des Zauberwaldes befand sich ein versteinerter Brunnen, der von einer uralten Prophezeiung umgeben war. Es wurde gesagt, dass nur eine mutige Seele den Zauber des Brunnens entfesseln könne.

Voller Entschlossenheit und mit Ellas Unterstützung machte sich Sophie auf den Weg zum versteinertern Brunnen. Als sie den Brunnen erreichte, berührte sie vorsichtig das verwitterte Steinbecken. Plötzlich erstrahlte der Brunnen in einem warmen Glühen, und ein funkelndes Wasserstrudel stieg empor.

Aus dem Wasser stieg eine majestätische Wassernymphe auf, die den Namen Naida trug. Sie dankte Sophie für ihre Tapferkeit und erklärte ihr, dass der Zauberwald von der Magie der Fantasie und Träume lebte.

Naida führte Sophie zu einem uralten Baum, dem Baum der Wünsche. Jeder, der den Baum berührte und einen Wunsch aussprach, konnte diesen Wunsch wahr werden lassen. Sophie fühlte sich geehrt und wünschte sich Frieden und Glück für alle Lebewesen im Zauberwald.

Mit ihrem Wunsch erfüllt kehrte Sophie in ihr Dorf zurück, aber der Zauberwald würde für immer in ihrem Herzen bleiben. Sie erzählte den Menschen von der Schönheit und Magie des Zauberwaldes und lud sie ein, ihre eigene Fantasie zu erkunden.

Sophie wurde zur Botschafterin des Zauberwaldes und setzte sich dafür ein, dass die Menschen die Natur achten und ihre Fantasie leben. Sie lehrte sie, dass die wahre Magie im Herzen liegt und dass jeder in der Lage ist, eine Veränderung herbeizuführen.

Der Zauberwald lebte weiterhin im Einklang mit den Menschen, und Sophie wurde zu einer lebenden Legende. In ihren Geschichten und Träumen würde die Magie des Zauberwaldes immer lebendig bleiben.

Ende

The Secret of the Enchanted Forest

Once upon a time, there was a little girl named Sophie who lived in a cozy village on the edge of an enchanting forest. Sophie was known for her lively imagination and her thirst for adventure. Every day, she explored her surroundings and dreamed of magical creatures.

One day, Sophie discovered a mysterious path that led deep into the forest. The path was lined with glowing flowers and sparkling mushrooms. Sophie felt that it was time to unveil the secret of the enchanted forest.

As Sophie entered the forest, the world around her transformed. The trees came alive and whispered stories to her. The flowers danced in the wind, and the birds sang beautiful songs. Sophie was amazed by the beauty and magic that surrounded her.

As Sophie ventured deeper into the forest, she encountered a friendly fairy named Ella. Ella had shimmering wings and radiant eyes. She invited Sophie to join her and explore the enchanted forest.

Together, they wandered through enchanted paths and discovered hidden clearings. They met talking animals, such as the wise owl friend Oswald and the playful squirrel companion Emil.

One day, Ella revealed a great secret to Sophie. Deep in the heart of the enchanted forest, there was a petrified fountain surrounded by an ancient prophecy. It was said that only a brave soul could unleash the magic of the fountain.

Filled with determination and with Ella's support, Sophie set out to find the petrified fountain. When she reached the fountain, she gently touched the weathered stone basin. Suddenly, the fountain lit up with a warm glow, and a sparkling water whirlpool emerged.

From the water rose a majestic water nymph named Naida. She thanked Sophie for her bravery and explained that the enchanted forest thrived on the magic of imagination and dreams.

Naida led Sophie to an ancient tree known as the Tree of Wishes. Anyone who touched the tree and made a wish could make that wish come true. Sophie felt honored and wished for peace and happiness for all creatures in the enchanted forest.

With her wish fulfilled, Sophie returned to her village, but the enchanted forest would forever remain in her heart. She told the people about the beauty and magic of the enchanted forest and invited them to explore their own imagination.

Sophie became an ambassador of the enchanted forest, advocating for people to respect nature and embrace their imagination. She taught them that true magic lies within the heart and that everyone has the power to bring about change.

The enchanted forest continued to thrive in harmony with the people, and Sophie became a living legend. In her stories and dreams, the magic of the enchanted forest would always stay alive.

The End

39

Der kleine Künstler und das verzauberte Pinselset

Es war einmal in einem malerischen Dorf ein kleiner Junge namens Felix. Felix liebte das Zeichnen und Malen über alles. Tag für Tag brachte er mit seinen bunten Bildern Freude in das Leben der Menschen um ihn herum. Doch Felix träumte davon, noch bessere Kunstwerke zu schaffen und die Welt mit seiner Kreativität zu verzaubern.

Eines Tages, als Felix durch den Dachboden seines Großvaters stöberte, entdeckte er ein vergessenes Kästchen mit einem verstaubten Pinselset. Die Pinsel hatten einen magischen Glanz und eine besondere Aura. Neugierig nahm Felix das Pinselset mit in sein Atelier und begann damit zu malen.

Zu seiner großen Überraschung erwachten die Bilder zum Leben! Die farbenfrohen Landschaften sprangen aus dem Papier und die Tiere begannen zu hüpfen. Felix war sprachlos vor Staunen. Er hatte das verzauberte Pinselset gefunden!

Mit dem Pinselset in der Hand begab sich Felix auf eine aufregende Reise. Jedes Bild, das er malte, erweckte eine neue fantastische Welt zum Leben. Er erkundete schwindelerregende Wolkenstädte, segelte auf dem Rücken eines Regenbogenfisches über das Meer und befreundete sprechende Tiere in einem geheimnisvollen Wald.

Auf seinen Abenteuern traf Felix auf andere Künstler, die ebenfalls von den magischen Pinseln gehört hatten. Zusammen erschufen sie atemberaubende Kunstwerke und feierten die Schönheit der Fantasie.

Doch Felix merkte bald, dass die Magie der Pinsel nicht nur positive Auswirkungen hatte. Einige seiner Bilder enthielten dunkle und gefährliche Kreaturen, die seine Fantasie entfesselt hatte. Felix erkannte, dass er die Kontrolle behalten musste und dass die Kunst auch Verantwortung mit sich brachte.

Felix beschloss, die Kräfte des Pinselsets zu nutzen, um Gutes zu tun. Er malte Porträts von Menschen, die ihr Lächeln verloren hatten, und brachte damit Freude in ihre Herzen zurück. Er schuf bunte Wandgemälde, die die grauen Straßen des Dorfes in ein fröhliches Paradies verwandelten.

Als Felix schließlich sein letztes Bild malte, spürte er, dass es an der Zeit war, das Pinselset zurückzugeben. Er erkannte, dass die wahre Magie nicht in den Pinseln lag, sondern in ihm selbst. Mit jedem Strich hatte er seine eigene Fantasie und Kreativität genutzt, um die Welt um ihn herum zu verändern.

Felix brachte das Pinselset zurück auf den Dachboden seines Großvaters und dankte den magischen Pinseln für all die wunderbaren Abenteuer und Lektionen, die sie ihm geschenkt hatten. Von nun an wusste er, dass seine eigene Vorstellungskraft und Leidenschaft der Schlüssel zu grenzenloser Kreativität waren.

Felix blieb ein begeisterter Künstler und inspirierte andere dazu, ihre eigene Kreativität zu entdecken. Seine Bilder erzählten

Geschichten und berührten die Herzen der Menschen. Die Welt wurde zu einem lebendigen Kunstwerk, und Felix wurde zu einem leuchtenden Stern am Himmel der Kunst.

Ende

The Little Artist and the Enchanted Brush Set

Once upon a time, in a picturesque village, there lived a young boy named Felix. Felix loved drawing and painting above all else. Day after day, he brought joy to people's lives with his colorful artwork. But Felix dreamed of creating even better masterpieces and enchanting the world with his creativity.

One day, as Felix was rummaging through his grandfather's attic, he discovered a forgotten box containing a dusty brush set. The brushes had a magical sheen and a special aura. Curiously, Felix took the brush set to his studio and began to paint with it.

To his great surprise, the pictures came to life! The vibrant landscapes jumped off the paper, and the animals began to hop around. Felix was speechless with awe. He had found the enchanted brush set!

With the brush set in hand, Felix embarked on an exciting journey. Every painting he created brought a new fantastical world to life. He explored dizzying cloud cities, sailed on the back of a rainbow fish across the sea, and befriended talking animals in a mysterious forest.

On his adventures, Felix encountered other artists who had also heard of the magical brushes. Together, they created breathtaking artworks and celebrated the beauty of imagination.

But Felix soon realized that the magic of the brushes had both positive and negative effects. Some of his paintings unleashed dark and dangerous creatures that his imagination had conjured. Felix recognized that he had to maintain control and that art also carried responsibility.

Felix decided to use the powers of the brush set to do good. He painted portraits of people who had lost their smiles, bringing joy back to their hearts. He created colorful murals that transformed the gray streets of the village into a cheerful paradise.

As Felix painted his final artwork, he felt that it was time to return the brush set. He realized that the true magic did not reside in the brushes but within himself. With each stroke, he had used his own imagination and creativity to change the world around him.

Felix returned the brush set to his grandfather's attic, thanking the magical brushes for all the wonderful adventures and lessons they had given him. From that point on, he knew that his own imagination and passion were the keys to boundless creativity.

Felix remained a passionate artist and inspired others to discover their own creativity. His paintings told stories and touched people's hearts. The world became a living artwork, and Felix became a shining star in the sky of art.

The End

Das Abenteuer des kleinen Entdeckers

Es war einmal ein kleiner Junge namens Ben, der ein außergewöhnlich neugieriges Wesen hatte. Er liebte es, die Welt um sich herum zu erkunden und aufregende Abenteuer zu erleben. Ben hatte eine lebhafte Fantasie und konnte sich in den wildesten Geschichten verlieren.

Eines Tages, während er in seinem Garten spielte, entdeckte Ben eine alte Kiste, die im Gebüsch versteckt war. Die Kiste war mit geheimnisvollen Symbolen verziert und hatte einen verriegelten Deckel. Neugierig wie er war, versuchte Ben, den Code zu knacken und die Kiste zu öffnen.

Nach vielen Versuchen fand Ben schließlich den richtigen Code und die Kiste öffnete sich. Zu seiner großen Überraschung enthielt sie eine Karte, die zu einem unerforschten Teil des Waldes führte. Die Karte versprach spannende Entdeckungen und geheimnisvolle Wesen.

Ben wusste, dass er diesem Ruf folgen musste. Mit seiner treuen Begleiterin, einer mutigen Katze namens Luna, machte er sich auf den Weg in den Wald. Die Bäume standen dicht und geheimnisvoll vor ihnen, und der Geruch von Abenteuer lag in der Luft.

Während Ben und Luna durch den Wald streiften, stießen sie auf eine Gruppe sprechender Tiere. Es gab den weisen Eulenführer

Oliver, den fröhlichen Eichhörnchenfreund Emil und die freundliche Füchsin Frida. Die Tiere kannten den Wald wie ihre Westentasche und beschlossen, Ben und Luna bei ihrer Reise zu unterstützen.

Gemeinsam durchquerten sie reißende Flüsse, erklommen hohe Baumwipfel und erkundeten geheimnisvolle Höhlen. Sie stießen auf leuchtende Glühwürmchen, die den Weg erleuchteten, und freundliche Elfen, die ihnen mit Rat und Tat zur Seite standen.

Im Herzen des Waldes entdeckten sie eine vergessene Stadt, die von alten Ruinen umgeben war. Die Bewohner der Stadt waren winzige Wesen, die als Baumgeister bekannt waren. Sie erzählten Ben und Luna von einem uralten Zauber, der die Harmonie im Wald aufrechterhielt.

Doch der Zauber war geschwächt, und das Gleichgewicht drohte zu kippen. Ben und Luna erkannten, dass es an ihnen lag, den Zauber zu erneuern. Mit Hilfe der Baumgeister und der Karte begaben sie sich auf eine gefährliche Mission, um die verlorenen Zutaten für den Zauber zu finden.

Auf ihrer Reise mussten sie gefährliche Prüfungen bestehen, Rätsel lösen und ihren Mut unter Beweis stellen. Sie kämpften gegen furchterregende Kreaturen, überwanden ihre eigenen Ängste und bewiesen, dass sie wahre Helden waren.

Schließlich gelang es Ben und Luna, die verlorenen Zutaten zu finden und den Zauber zu erneuern. Der Wald erstrahlte in neuem Glanz, und die Bewohner der Stadt jubelten vor Freude. Ben und Luna wurden als Retter des Waldes gefeiert und erhielten von den Baumgeistern ein Geschenk, das sie immer an ihr Abenteuer erinnern sollte.

Mit dem Gefühl der Erfüllung und Dankbarkeit kehrten Ben und Luna in ihr Dorf zurück. Sie hatten nicht nur den Wald gerettet, sondern auch ihre eigene innere Stärke entdeckt. Von diesem Tag an waren sie bereit für jedes neue Abenteuer, wissend, dass die Welt voller Geheimnisse und Möglichkeiten war.

Das Abenteuer des kleinen Entdeckers hatte gerade erst begonnen, und Ben und Luna freuten sich darauf, gemeinsam neue Welten zu erkunden.

Ende

The Adventure of the Little Explorer

Once upon a time, there was a little boy named Ben who had an exceptionally curious nature. He loved exploring the world around him and embarking on exciting adventures. Ben had a vivid imagination and could get lost in the wildest stories.

One day, while playing in his garden, Ben discovered an old chest hidden in the bushes. The chest was adorned with mysterious symbols and had a locked lid. Curious as he was, Ben tried to crack the code and open the chest.

After many attempts, Ben finally found the right code, and the chest opened. To his great surprise, it contained a map that led to an unexplored part of the forest. The map promised exciting discoveries and mysterious creatures.

Ben knew he had to answer this call. With his loyal companion, a brave cat named Luna, he set off into the forest. The trees stood thick and mysterious before them, and the scent of adventure filled the air.

As Ben and Luna roamed through the forest, they encountered a group of talking animals. There was the wise owl leader Oliver, the cheerful squirrel friend Emil, and the friendly fox Frida. The animals knew the forest like the back of their paws and decided to support Ben and Luna on their journey.

Together, they crossed raging rivers, climbed high treetops, and explored mysterious caves. They came across glowing fireflies that illuminated their path and friendly elves who offered guidance and assistance.

In the heart of the forest, they discovered a forgotten city surrounded by ancient ruins. The inhabitants of the city were tiny beings known as tree spirits. They told Ben and Luna about an ancient spell that maintained harmony in the forest.

But the spell had weakened, and the balance was at risk. Ben and Luna realized it was up to them to renew the spell. With the help of the tree spirits and the map, they embarked on a perilous mission to find the lost ingredients for the spell.

On their journey, they had to pass dangerous trials, solve puzzles, and prove their courage. They battled fearsome creatures, overcame their own fears, and showed that they were true heroes.

Finally, Ben and Luna succeeded in finding the lost ingredients and renewing the spell. The forest radiated with renewed splendor, and the inhabitants of the city rejoiced. Ben and Luna were celebrated as saviors of the forest and received a gift from the tree spirits to always remind them of their adventure.

With a sense of fulfillment and gratitude, Ben and Luna returned to their village. They had not only saved the forest but also discovered their own inner strength. From that day on, they were ready for any new adventure, knowing that the world was full of secrets and possibilities.

The adventure of the little explorer had only just begun, and Ben and Luna looked forward to exploring new worlds together.

The End

Die Abenteuer von Max und dem zauberhaften Zirkus

Es war einmal ein kleiner Junge namens Max, der ein unerschöpfliches Verlangen nach Abenteuern hatte. Max liebte es, neue Orte zu erkunden und spannende Geschichten zu erleben. In seinem Herzen wusste er, dass die Welt voller Magie war und dass er ein Teil davon sein wollte.

Eines Tages, als Max im Park spielte, hörte er eine geheimnisvolle Melodie. Er folgte dem Klang und fand sich plötzlich vor einem wundersamen Zirkuszelt wieder. Das Zelt war mit leuchtenden Farben verziert und versprach aufregende Vorstellungen.

Voller Neugier betrat Max das Zelt und tauchte ein in eine Welt voller Wunder. Der Zirkus war bevölkert von zauberhaften Wesen - Jongleure mit fliegenden Bällen, Akrobaten, die durch die Lüfte schwebten, und Clowns, die die Menschen zum Lachen brachten.

Der Zirkusdirektor, ein mysteriöser Mann mit funkelnden Augen, erkannte Max' Faszination und lud ihn ein, Teil des Zirkus zu werden. Max war überglücklich und trat dem Zirkus als Assistent bei. Er half den Künstlern bei ihren Darbietungen und lernte dabei ihre Geheimnisse kennen.

Mit jedem Tag im Zirkus entdeckte Max seine eigenen versteckten Talente. Er entdeckte seine Fähigkeit, Tiere zu verstehen und ihre Sprache zu sprechen. Die Tiere des Zirkus wurden seine treuesten Freunde - der listige Fuchs Ferdinand, der elegante Tiger Tobias und die verspielten Affenbande.

Doch eines Tages ereignete sich ein unvorhergesehenes Ereignis. Der böse Zauberer Zephyrus erschien im Zirkus und stahl die Magie, die die Vorstellungen so besonders machte. Der Zirkus drohte in Dunkelheit zu versinken.

Max, fest entschlossen, den Zirkus zu retten, begab sich auf eine gefährliche Reise, um die gestohlene Magie zurückzuerlangen. Er durchquerte finstere Wälder, bestieg hohe Berge und überwand gefährliche Hindernisse.

Unterwegs traf Max auf andere mutige Wesen, die ihm halfen. Es gab den weisen Kobold Oskar, die mutige Meerjungfrau Mira und den freundlichen Riesen Egon. Gemeinsam bildeten sie eine unbesiegbare Gemeinschaft und kämpften gegen die dunklen Mächte von Zephyrus an.

Nach vielen Abenteuern und Prüfungen gelang es Max und seinen Freunden, die gestohlene Magie zurückzuerobern. Der Zirkus erstrahlte in neuem Glanz, und die Vorstellungen wurden noch spektakulärer als zuvor.

Als Held des Zirkus wurde Max zum Zirkusdirektor ernannt. Mit seiner warmherzigen Art und seiner Liebe zur Magie führte er den Zirkus zu noch größeren Erfolgen. Die Menschen kamen von weit her, um die außergewöhnlichen Vorstellungen zu sehen und die Magie des Zirkus zu erleben.

Jeden Abend, wenn die Vorstellungen vorbei waren, setzte sich Max auf das Dach des Zirkuszelts und betrachtete den funkelnden Sternenhimmel. Er wusste, dass die wahren Abenteuer in seinem Herzen lagen und dass er mit der Magie des Zirkus eine unendliche Quelle des Glücks gefunden hatte.

Die Abenteuer von Max und dem zauberhaften Zirkus würden für immer in den Herzen der Menschen weiterleben. Und Max würde niemals aufhören, nach neuen Wundern zu suchen und seine Träume zu verwirklichen.

Ende

The Adventures of Max and the Enchanting Circus

Once upon a time, there was a little boy named Max who had an insatiable desire for adventure. Max loved exploring new places and experiencing thrilling stories. In his heart, he knew that the world was full of magic and that he wanted to be a part of it.

One day, while playing in the park, Max heard a mysterious melody. He followed the sound and suddenly found himself in front of a wondrous circus tent. The tent was adorned with vibrant colors and promised exciting performances.

Filled with curiosity, Max entered the tent and immersed himself in a world of wonders. The circus was populated by enchanting beings - jugglers with flying balls, acrobats soaring through the air, and clowns who brought laughter to the people.

The circus director, a mysterious man with sparkling eyes, recognized Max's fascination and invited him to become part of the circus. Max was overjoyed and joined the circus as an assistant. He helped the performers with their acts and learned their secrets along the way.

With each day at the circus, Max discovered his own hidden talents. He discovered his ability to understand animals and speak their language. The circus animals became his most loyal friends - the cunning fox Ferdinand, the graceful tiger Tobias, and the playful troupe of monkeys.

But one day, an unforeseen event occurred. The evil magician Zephyrus appeared at the circus and stole the magic that made the performances so special. The circus was on the verge of sinking into darkness.

Determined to save the circus, Max embarked on a dangerous journey to reclaim the stolen magic. He traversed dark forests, climbed high mountains, and overcame perilous obstacles.

Along the way, Max encountered other courageous beings who helped him. There was the wise goblin Oskar, the brave mermaid Mira, and the friendly giant Egon. Together, they formed an unbeatable alliance and battled against the dark forces of Zephyrus.

After many adventures and trials, Max and his friends succeeded in reclaiming the stolen magic. The circus shimmered with renewed splendor, and the performances became even more spectacular than before.

As the hero of the circus, Max was appointed as the circus director. With his warm-hearted nature and love for magic, he led the circus to even greater success. People came from far and wide to witness the extraordinary performances and experience the magic of the circus.

Every evening, when the performances were over, Max would sit on the roof of the circus tent and gaze at the twinkling starry sky. He knew that the true adventures lay within his heart and that he had found an infinite source of happiness with the magic of the circus.

The adventures of Max and the enchanting circus would live on forever in the hearts of people. And Max would never stop seeking new wonders and realizing his dreams.

The End

Das Geheimnis der Zauberblume

Es war einmal in einem verträumten Dorf namens Blumenheim, ein kleines Mädchen namens Lilly. Lilly hatte wunderschönes, lockiges Haar, das so schwarz wie die Nacht war, und strahlende Augen, die so blau wie der Himmel leuchteten. Sie lebte mit ihren liebevollen Eltern in einem gemütlichen Häuschen am Rande des Dorfes.

In Blumenheim war jeder Tag ein Fest der Farben und Düfte. Das ganze Dorf war von wunderschönen Blumenwiesen umgeben, und die Bewohner waren dafür bekannt, die prächtigsten Gärten zu pflegen. Doch inmitten all der Blumenpracht gab es eine ganz besondere Legende - die Legende der Zauberblume.

Die Zauberblume war eine seltene und kostbare Blume, von der gesagt wurde, dass sie magische Kräfte besaß. Es wurde erzählt, dass wer auch immer die Zauberblume fand und ihr Herz mit Reinheit und Liebe erfüllte, einen unermesslichen Schatz erhalten würde.

Lilly liebte es, Geschichten über die Zauberblume zu hören. Jede Nacht lauschte sie den Märchen ihrer Großmutter, die von mutigen Abenteurern und ihren Versuchen, die geheimnisvolle Blume zu finden, erzählten. Lilly wünschte sich nichts sehnlicher, als selbst das Geheimnis der Zauberblume zu lüften.

Eines Tages, als Lilly im Wald umherstreifte und die Blumen bewunderte, entdeckte sie eine verborgene Pforte, die zu einem geheimnisvollen Garten führte. Ihr Herz klopfte vor Aufregung, als sie beschloss, der geheimnisvollen Pforte zu folgen.

Der Garten war wie aus einem Märchen entsprungen - mit Blumen in den schillerndsten Farben, fliegenden Schmetterlingen und singenden Vögeln. Doch mitten im Garten befand sich eine gläserne Kuppel, die das Geheimnis der Zauberblume bewahrte.

Lilly näherte sich der Kuppel und erblickte die Zauberblume. Sie war noch schöner als in den Märchen ihrer Großmutter beschrieben. Die Blütenblätter schimmerten wie kostbare Edelsteine, und der Duft der Blume war betörend.

Lilly wusste, dass sie die Blume nicht einfach pflücken konnte. Sie musste ihr Herz mit Reinheit und Liebe erfüllen, um ihren Schatz zu verdienen. Also beschloss sie, jeden Tag zum geheimnisvollen Garten zurückzukehren und für die Blume zu sorgen.

Tag für Tag kam Lilly in den Garten und kümmerte sich liebevoll um die Zauberblume. Sie sprach mit ihr, sang ihr Lieder vor und bewunderte ihre Schönheit. Die Blume schien auf Lilys Fürsorge zu reagieren, indem sie ihre Blütenblätter noch prächtiger erblühen ließ.

Inzwischen sprach sich die Legende der Zauberblume im ganzen Dorf herum. Die Bewohner waren neugierig und machten sich selbst auf die Suche nach dem geheimnisvollen Garten. Doch keiner konnte die Pforte finden, die Lilly entdeckt hatte.

Währenddessen wuchs Lilys Liebe zur Zauberblume von Tag zu Tag. Sie spürte, dass eine tiefe Verbindung zwischen ihnen bestand. Die Blume schien ihr mit sanftem Flüstern Botschaften zu übermitteln, und Lilly fühlte, dass sie das Herz der Blume eroberte.

Eines Tages, als die Blume in voller Pracht erblühte, geschah etwas Magisches. Ein leuchtender Funken sprang von der Blume auf Lilly über, und plötzlich erfüllte sie ein warmes Gefühl der Liebe und Freude.

Die Zauberblume öffnete sich nun vollständig und entfaltete einen versteckten Schatz - eine funkelnde Truhe mit kostbaren Juwelen und kostbaren Edelsteinen. Doch Lilly erkannte, dass der wahre Schatz nicht in den Juwelen lag, sondern in der Liebe, die sie für die Zauberblume empfand.

Voller Dankbarkeit für das Geschenk der Blume kehrte Lilly in ihr Dorf zurück und erzählte allen von ihrer wundervollen Entdeckung. Das Geheimnis der Zauberblume war nun gelüftet, und Lilly wurde als Heldin gefeiert.

Jeder im Dorf erkannte, dass die Zauberblume nicht nur eine Legende war, sondern ein Symbol für die Macht der Liebe und der Reinheit des Herzens. Fortan achteten die Menschen noch mehr auf die Schönheit der Natur und pflegten ihre Gärten mit noch größerer Sorgfalt.

Die Abenteuer von Lilly und der Zauberblume wurden zu einer beliebten Geschichte im Dorf. Generationen von Kindern hörten von der mutigen Entdeckerin und der zauberhaften Blume, die die Herzen der Menschen berührte.

Lilly wusste, dass sie ein Geheimnis gefunden hatte, das sie für immer in ihrem Herzen tragen würde. Und so endete die Geschichte der Zauberblume, die die Welt von Blumenheim für immer veränderte.

Ende

The Secret of the Enchanted Flower

Once upon a time in a dreamy village called Flowerhaven, there lived a little girl named Lilly. Lilly had beautiful, curly hair as black as the night and radiant eyes that shone as blue as the sky. She lived with her loving parents in a cozy cottage on the edge of the village.

In Flowerhaven, every day was a celebration of colors and scents. The whole village was surrounded by beautiful flower meadows, and its residents were known for tending to the most magnificent gardens. Yet, amidst all the floral splendor, there was a very special legend - the legend of the enchanted flower.

The enchanted flower was a rare and precious bloom, said to possess magical powers. It was said that whoever found the enchanted flower and filled their heart with purity and love would receive an immeasurable treasure.

Lilly loved hearing stories about the enchanted flower. Every night, she would listen to her grandmother's tales, recounting brave adventurers and their attempts to find the mysterious flower. Lilly wished for nothing more than to unravel the secret of the enchanted flower herself.

One day, while wandering in the woods and admiring the flowers, Lilly discovered a hidden gate leading to a mysterious garden. Her heart pounded with excitement as she decided to follow the gate's trail.

The garden was like something out of a fairy tale - with flowers in the most brilliant colors, fluttering butterflies, and singing birds. Yet, in the midst of the garden stood a glass dome, guarding the secret of the enchanted flower.

Lilly approached the dome and caught sight of the enchanted flower. It was even more beautiful than described in her grandmother's tales. The petals shimmered like precious gemstones, and the fragrance of the flower was intoxicating.

Lilly knew she couldn't simply pluck the flower. To earn its treasure, she had to fill her heart with purity and love. So, she decided to return to the mysterious garden every day and care for the enchanted flower.

Day after day, Lilly came to the garden and lovingly tended to the enchanted flower. She spoke to it, sang it songs, and admired its beauty. The flower seemed to respond to Lilly's care, blooming its petals even more splendidly.

Meanwhile, the legend of the enchanted flower spread throughout the village. The villagers were curious and set out on their own quest to find the mysterious garden. Yet, none could find the gate that Lilly had discovered.

As time went on, Lilly's love for the enchanted flower grew stronger. She felt a deep connection with it. The flower seemed to whisper messages to her, and Lilly felt that she had captured the heart of the flower.

One day, when the flower was in full bloom, something magical happened. A glowing spark leaped from the flower to Lilly, and suddenly, she was filled with a warm feeling of love and joy.

The enchanted flower now opened fully, revealing a hidden treasure - a sparkling chest filled with precious jewels and precious gemstones. Yet, Lilly realized that the true treasure lay not in the jewels but in the love she felt for the enchanted flower.

Filled with gratitude for the flower's gift, Lilly returned to her village and shared her wonderful discovery with everyone. The secret of the enchanted flower was now unveiled, and Lilly was celebrated as a heroine.

Everyone in the village recognized that the enchanted flower was not merely a legend but a symbol of the power of love and purity of heart. From then on, people cherished the beauty of nature even more and tended to their gardens with greater care.

The adventures of Lilly and the enchanted flower became a beloved tale in the village. Generations of children heard about the courageous explorer and the enchanting flower that touched people's hearts.

Lilly knew she had found a secret that she would carry in her heart forever. And so ended the story of the enchanted flower, which forever changed the world of Flowerhaven.

The End

Die Abenteuer von Lenni und dem magischen Buch

Es war einmal in einer kleinen Stadt namens Bücherburg ein neugieriger Junge namens Lenni. Lenni liebte Geschichten und Bücher über alles. Tag für Tag verbrachte er Stunden in der gemütlichen Buchhandlung von Herrn Krambüch, einem freundlichen alten Mann mit einer Nase voller Sommersprossen.

In Bücherburg waren Bücher etwas Besonderes. Die Menschen schätzten sie und behandelten sie wie Schätze. Jedes Buch hatte eine eigene Geschichte, die von Generation zu Generation weitergegeben wurde. Und inmitten all dieser wundervollen Bücher gab es eines, das besonders magisch war - das geheimnisvolle Buch der Träume.

Das geheimnisvolle Buch der Träume war mit funkelnden Sternen auf dem Einband verziert und hatte golden schimmernde Seiten. Es wurde erzählt, dass wer auch immer die Seiten des Buches mit offenen Herzen las, in die magische Welt der Träume eintauchen konnte.

Lenni hatte von dem geheimnisvollen Buch der Träume gehört und wünschte sich nichts sehnlicher, als es zu finden. Doch das Buch war so gut versteckt, dass niemand wusste, wo es sich befand. So beschloss Lenni, sein eigenes Abenteuer zu erleben und das Buch der Träume zu suchen.

Eines Tages, als Lenni wieder in der Buchhandlung von Herrn Krambüch stöberte, entdeckte er eine verstaubte Karte zwischen den Seiten eines alten Märchenbuchs. Die Karte zeigte den Weg zu einem verborgenen Wald, der jenseits der Grenzen von Bücherburg lag.

Voller Aufregung packte Lenni sein Rucksäckchen mit ein paar Snacks, einer Laterne und seinem Lieblingsbuch - einem Buch über tapfere Abenteurer. Er wusste, dass er auf eine spannende Reise gehen würde, und das Herz klopfte ihm vor Vorfreude.

Lenni folgte der Karte und wanderte durch dichte Wälder, über blühende Wiesen und durch plätschernde Bäche. Jedes Geräusch und jede Bewegung schien magisch zu sein. Er fühlte sich, als ob er selbst in einer Geschichte wandelte.

Schließlich erreichte Lenni den verborgenen Wald. Die Bäume waren so hoch wie der Himmel, und ihre Blätter leuchteten in den prächtigsten Farben. Die Luft war erfüllt von einem süßen Duft, der Lenni bezauberte.

Als er tiefer in den Wald eindrang, bemerkte er ein sanftes Leuchten zwischen den Bäumen. Neugierig folgte Lenni dem Leuchten und gelangte zu einem klaren See. Mitten im See schwebte eine leuchtende Insel, auf der das geheimnisvolle Buch der Träume ruhte.

Lenni zögerte keinen Moment und schwamm zu der Insel. Vorsichtig hob er das Buch auf und betrachtete den funkelnden Einband. Mit zitternden Händen öffnete er das Buch und begann zu lesen.

Als er die ersten Worte las, spürte Lenni, wie er in die magische Welt der Träume gezogen wurde. Er fand sich in einem Land voller Fantasie und Abenteuer wieder. Fliegende Drachen, sprechende Tiere und schillernde Elfen begegneten ihm auf seiner Reise.

In der Welt der Träume konnte Lenni alles erleben, wovon er je geträumt hatte. Er wurde zu einem mutigen Ritter, der eine Prinzessin rettete, zu einem Entdecker, der unbekannte Länder erforschte, und zu einem Zauberer, der mächtige Zaubersprüche aussprach.

Doch bald merkte Lenni, dass die Zeit in der Welt der Träume anders verlief. Stunden schienen wie Minuten zu vergehen, und er wusste, dass er irgendwann zurückkehren musste.

Mit einem wehmütigen Herzen kehrte Lenni zur Insel im See zurück und schloss das Buch der Träume. Er wusste, dass er wiederkommen konnte, wann immer er wollte, und dass er die Magie der Träume in seinem Herzen trug.

Als er den Wald verließ und nach Bücherburg zurückkehrte, spürte Lenni eine neue Verbindung zu den Büchern. Er erkannte, dass Geschichten uns auf einzigartige Abenteuer mitnehmen und unsere Vorstellungskraft beflügeln können.

In der Buchhandlung von Herrn Krambüch erzählte Lenni von seinem unglaublichen Abenteuer und las anderen Kindern Geschichten vor. Die Menschen von Bücherburg staunten über seine Erzählungen und wurden daran erinnert, wie kostbar Bücher und Geschichten sind.

Und so endete die Geschichte von Lenni und dem magischen Buch der Träume, die für immer in den Seiten der Bücherburg und in den Herzen der Menschen weiterleben würde.

Ende

The Adventures of Lenni and the Magical Book

Once upon a time in a small town called Bookville, there lived a curious boy named Lenni. Lenni loved stories and books more than anything else. Day after day, he spent hours in the cozy bookstore of Mr. Bookwright, a friendly old man with a nose full of freckles.

In Bookville, books were something special. People cherished them and treated them like treasures. Each book had its own story, passed down from generation to generation. And amidst all these wonderful books, there was one that was especially magical - the mysterious Book of Dreams.

The mysterious Book of Dreams was adorned with sparkling stars on its cover and had pages that shimmered like gold. It was said that whoever read the pages of the book with an open heart could immerse themselves in the magical world of dreams.

Lenni had heard of the mysterious Book of Dreams and wished for nothing more than to find it. However, the book was so well-hidden that nobody knew where it was. So, Lenni decided to embark on his own adventure and search for the Book of Dreams.

One day, while browsing in Mr. Bookwright's bookstore, Lenni discovered a dusty map between the pages of an old fairy tale book. The map showed the way to a hidden forest beyond the borders of Bookville.

Filled with excitement, Lenni packed his little backpack with some snacks, a lantern, and his favorite book - a book about brave adventurers. He knew he was about to embark on an exciting journey, and his heart beat with anticipation.

Lenni followed the map and hiked through dense forests, over blooming meadows, and across babbling brooks. Every sound and movement seemed magical. He felt as if he were walking in a story himself.

Finally, Lenni reached the hidden forest. The trees were as tall as the sky, and their leaves glowed in the most magnificent colors. The air was filled with a sweet fragrance that enchanted Lenni.

As he ventured deeper into the forest, he noticed a gentle glow among the trees. Curious, Lenni followed the glow and arrived at a clear lake. Floating in the middle of the lake was a glowing island, where the mysterious Book of Dreams lay.

Lenni didn't hesitate for a moment and swam to the island. Carefully, he picked up the book and admired its sparkling cover. With trembling hands, he opened the book and began to read.

As he read the first words, Lenni felt himself being drawn into the magical world of dreams. He found himself in a land full of fantasy and adventure. Flying dragons, talking animals, and shimmering elves met him on his journey.

In the world of dreams, Lenni could experience everything he had ever dreamed of. He became a brave knight, rescuing a princess, an explorer discovering unknown lands, and a wizard casting powerful spells.

But soon, Lenni realized that time in the world of dreams passed differently. Hours seemed like minutes, and he knew he had to return eventually.

With a wistful heart, Lenni returned to the island in the lake and closed the Book of Dreams. He knew he could come back whenever he wanted and that he carried the magic of dreams in his heart.

As he left the forest and returned to Bookville, Lenni felt a new connection to the books. He realized that stories can take us on unique adventures and ignite our imagination.

In Mr. Bookwright's bookstore, Lenni shared his incredible adventure and read stories to other children. The people of Bookville marveled at his tales and were reminded of how precious books and stories are.

And so ended the story of Lenni and the magical Book of Dreams, which would live on forever in the pages of Bookville and in the hearts of the people.

The End

www.ingramcontent.com/pod-product-compliance
Lightning Source LLC
Chambersburg PA
CBHW052218150726

48002CB00003B/1171